여기는 동지입니다

시와반시 기획시인선 036
여기는 동지입니다

펴낸날 | 2025년 10월 30일 초판 1쇄

지은이 | 박언숙
펴낸이 | 강현국
펴낸곳 | 도서출판 시와반시

등록 | 2011년 10월 21일 등록(제25100-2011-000034호)
주소 | 대구광역시 수성구 지산로 14길 83, 101-2408호
전화 | (053) 654-0027
전송 | (053) 622-0377
전자우편 | khguk92@hanmail.net

ISBN 978-89-8345-172-9 03810

* 본 사업은 2025 대구문화예술진흥원 문학작품집지원사업입니다.
* 이 책 내용의 전부 또는 일부를 재사용하려면 반드시 저작권자와 시와반시사 양측의 동의를 받아야 합니다.
* 잘못 만들어진 책은 바꾸어 드립니다.

시와반시 기획시인선 036

여기는 동지입니다

박언숙 시집

시와반시

| 차례 |

제1부 암컷을 찾아서

10 염탐하다
12 꼬리론
14 이소離巢
16 암컷을 찾아서
18 호명
20 불쑥, 능소화
22 방울토마토처럼
24 저 떡잎들,
26 산방꽃차례
28 담배꽃
30 민들레요양원
32 거품 일대기
34 느닷없이 비

제2부 떨어짐에 대한 단상

38　매화꽃 뜯어보기

40　쥐똥나무

42　향기

44　떨어짐에 대한 단상

46　제피나무 열매

48　진화하는 날개

50　붉은등우단털파리

52　소국

54　별의별들

56　냉이

58　밟히면서 사는 법

60　유기

62　나뭇잎 배

64　밥벌이

제3부 세컨드처럼

66 누가 울고 있다

67 검은 연못

68 겨울일지

70 이복異腹

72 매듭을 풀다

74 세컨드처럼

76 결절

78 끝장 편

80 그녀 이름, 객선이

82 환급의 방식

84 립스틱의 변명

86 네일아트

88 한순간

90 틈

제4부　여한 없다

92　조심이라는 말
94　오래된 눈물
96　양은냄비
28　연도교
100　여한 없다
102　어떤 대우
104　공터에서 혼자 캄캄해지고 있다
106　마침표 자리
108　고집 센 의자
110　복지로 가는 길
112　뒷북치기
114　켈로이드 & 켈로이드
116　굴복
118　자폐
120　만월

해설

122　꽃들에는 모두 아픔이 새겨져 있다 | 황정산

제1부

암컷을 찾아서

염탐하다

목구멍이 긴 꽃일수록
꿀샘도 더 깊숙이 숨었겠지

짧은 주둥이를 가진 꿀벌은
대가리 처박고 그 꿀샘 염탐하겠지

꽃이 나불나불 불러들이는지
벌이 추근거리는지 꽤나 궁금한데
어찌나 열렬하고 다급한지 한 통속이다

집중하는 엉성한 뒤태가 딱하고
엉덩이에 장착한 침은 아예 무방비다
남의 입술 넘보는 게 저렇듯 서툴러서야

주거니 받거니 넘나드는 재미
떠메고 가도 모르게 푹 젖는 재미

물바가지 덮어쓰고도 좋아죽을 엉덩이
여섯 개 다리에 잔뜩 묻은 꽃가루는 덤이다

저런 만화방창 달달함이 내게도 있었는가
무엇을 찾아 헤맸는지 내 발한테 물어본다
당뇨로 터진 발에 단 것은 금물
이제 어딜 가도 따끔한 일침뿐이다

꼬리론

주인을 앞지르는 개의 뒤통수에 던진 덤일까
그냥 두자니 민망한 똥구멍의 가리개일까
적절히 중간을 지키는 경계선이라고 우겨볼까

맞불 시위에서 마주 흔들어대는 궁색한 깃발인가
낚싯대 끝에 달아맨 미끼 같고, 핑계 같은 끗발인가
눈치 없이 얻어먹고 가로 얹힌 떡 쪼가리 같은

뒷전에서 그저 설레발치기 바쁜 꼬리는
맹렬하게 덤비다가도 납작 엎드려 흔들어보는 저 꼬리는
화려한 본문 뒤에서 앞을 받쳐주는 부록 같은
본문을 밀어내고 앞을 차지하는 꿈을 꾸는 부록인 걸

토끼는 붉고 우뚝 선 귀가 본문일까
뛸 때 방해되지 않는 짧은 꼬리가 본문일까

다 털리고도 붙어있는 저 꼬리가 꼬리일진대

제대로 흔들어볼 일이다
서너 낮 자존심 접고 살랑거리는 저 꼬리여

이소離巢

어떤 새가 멀뚱히 앉아 있다면
손 내밀지 말고 두고 봐야 한다

털은 다 자라 겉으로 멀쩡한데
성숙하지 못한 덩치만 다 큰 새
눈동자도 멍하니 또렷하지 않아서
어딘가 서툴고 다소 엉성하다

어미가 냉정하게 마음을 자르고
멀찌감치 숨어서 엿보고 있으니
정 뗄 준비를 마친 어미 마음인들 오죽할까

어리둥절 잠이 덜 깬 표정이다
애지중지 몸집만 키운 어린 철부지다
홀로서기를 위해 어미는 보내야 한다

여지없이 어디로 갈 것인가
가도오도 못하고 길 위에 서서
날은 저물고 배고파서 지쳐있다

떠밀어낸 엄마를 잊어야 하는
숨어버린 엄마를 찾아서도 안 되는
떠나야만 되는 길 혼자 걸어갈 먼 길
떠나는 어린것에게 무섭고 아득하겠다

세상의 모든 길이 다 그런 것이다
오래전 엄마를 잃고 내가 울고 섰던 저 자리

암컷을 찾아서

 벌의 일자리를 빼앗은 적 있다. 새벽 네 시, 벌통을 기어 나오는 벌처럼 엉거주춤 졸린 눈 비비며 집을 나서면 멀리 가로등 아래 승합차가 기다리고 있다. 우리를 태운 차는 성주의 어느 참외밭으로 어두운 새벽길을 달렸다. 코로나로 인해 밥 굶을까 염려한 친구가 주선해 준 아르바이트다. 삼십 년 꽃을 만졌으니 안성맞춤이라고 부추겼다. 그깟 참외 꽃 암수 야 식은 죽 먹기지. 노란 꽃이 가득한 비닐하우스 안을 들어서니 마음이 설렜다. 짙은 초록 보료를 깔고 핀 금빛 참외 꽃이 황홀하기까지 했다. 수정액 통을 메고 긴 대롱으로 숨은 암꽃을 찾아 방아쇠 같은 걸쇠를 당긴다. 팔자에 없는 수컷의 역할, 표적은 금빛 찬란한 암컷이다. 두 눈 부릅뜨고 암컷의 질에다 정액을 뿜어 주었다. 종을 퍼트리는 수컷의 매춘을 성심껏 대행하는 일. 원나잇을 꿈꾸며 로데오거리를 헤집는 한 마리 수컷이 되어본 것이다. 수꽃과 달리 암꽃은 환하게 웃는 얼굴로 입을 크게 벌리고 뒤집어지며 웃는다. 이미 씨방을 품은 모체이므로, 아랫배가 두루뭉술하다. 불룩한 허리 치켜세우는 품새가 당차다, 세상의 암꽃들이 그렇듯이. 그 봄이 이슥할 때까지 팔자에 없는 수컷으로 살았다. 불면의 밤을 떨치고 새벽부터 아침 해 뜰 때까지, 암컷을 찾아 황당하고 암울했던 그 절망의 나날, 금싸라기를 쏟아부은 꽃밭에서 카사노바 부럽지 않은 수컷이 되어 본 것이다. 그 몹쓸 봄!

호명

너도밤나무에게 물어보라
밤나무라 불러주어 고마운지 환장하는지

선심 쓰듯 이름 하나 허락하는 일
무람없이 툭툭 내뱉는 입심 때문에
오랜 밤 뒤척였다는 사람이 없진 않을 터

나도밤나무라 부르면 어쩐지 밉상일 것 같은데
어쭙잖은 아호 허황하게 지어서
훈장 달아주고 붙이듯이 하는

허세와 허울의 부끄럼 없는 봄이다

그러나마나 너도별꽃이라 불러주는 후한 봄이고
나도별꽃이라고 맞받아치는 흥한 봄이고
이도 저도 아닌 개별꽃이라서 못마땅한 봄이다

마음에도 없는 이름 덤터기 쓰고
여기저기 꽃들 불쑥불쑥 주먹질하는 봄
죽어도 봄 살아도 봄이라 봄은 끄떡없다

불쑥, 능소화

능소화 꽃숭어리에 한물 터졌다
파고라를 뚫고 거꾸로 매달린 원추꽃차례로
층층이 아래로 더 아래로 엮어내는 꽃다발이고
훌러덩 노을 덮어쓴 환한 고깔의 역발상이다

셋째 낳고 첫 칠쯤 퉁퉁 불은 젖을 품고 와서
젖배 곯는 막냇동생 입에다 물려준 큰언니
열두 남매 친정맏이로 육 남매 시집살이로
덧씌운 앞치마에 물 마를 날 없는 고샅이었다

풍속도를 뚫고 튀어나온 팔뚝같이 억세고
찢은 허공에다 모가지 쑥 들이미는 무모한 꽃

무더기, 무더기 능소화 꽃숭어리 같이
두레상에 둘러앉은 술 취한 형부 팔뚝 같은 저 꽃
그 팔뚝이 빌어먹을 밥상 엎을 때도 무심히 피고

있던 꽃

　아래로 꽃가루 다 털어주고 나면
　꽃받침 벌써 느슨하고 헐거워지는 능소화는
　비 오는 날 제 몸 통째로 던져
　꽃대에 실린 무게부터 줄이는
　그녀의 아흔한 번째 여름이 안간힘 쓰고 있다

방울토마토처럼

방울이라는 말끝에는
혀가 저절로 둥글게 말려들지
구르고 돌돌 뭉치는 간밤을 지나
방울토마토 가지마다 이파리마다
이슬방울 글썽글썽 매달리네

봄비 내린 날 수천수만 방울
풀잎 위에 둥근 무덤으로 내려앉아
억장 울음을 말아 올리고
혓바늘 돋고 구겨지고 접히다가
다시 방울 되어 달콤해질 수 있는 것을

지금은 날 선 수직의 끝에 서 있네
순하게 마지막 맺음을 하면 좋을 텐데
항아리 같이 입 벌린 작은 샘터에
맨발로 통통 뛰는 물방울로 부서지고 싶은데

찢어진 집착과 분노의 스토킹이 난무한데
죽든지 죽이든지 어떻게 사랑이 이런 극단이었나

저 연잎 위의 둥근 방
부서질 것을 두려워 않는 물과 물의 화해
하늘을 통째 가둔 물집으로 살다가 터져 보는 일

저 떡잎들

두 장으로 벌어지면서
갈림길이 생기기 시작했어

덥석 잘못 물은 미끼처럼
제 몸을 갖다 바치는 떡잎은,

가랑이를 잘못 벌린 엄마다

무성한 녹음을 먹여 살리는 가장은
끝없이 빨아먹고 되새김해주는

새끼들에게는 든든한 밑천이었으니 떡잎은,

낯선 데서 밤마다 열어젖히는 캐리어 가방이고
아침이 오면 다시 첫 마음을 덮고
갓밝이에 떠나야 하는 날섦이다

떡잎이 벌어진 거기 천문이 열린다
젖은 머리통을 밀어 올리는 얇은 속곳
풀 섶에다 쏟아낸 햇살의 경문이다

어둠을 뚫고 송곳 같은 첫 길을 낸
어쩌나 이미 늘어지는 저 떡잎은
길든 짧든 막바지 종부성사다

아랫도리 시들고 말라 비틀린 채
제 몸에 핀 꽃 제대로 볼 수 없는
둘러 씌운 천형 같고 고이는 빗물 같은

더는 질척거리지 않기로 다짐하는지
저 떡잎들, 스스로 소신 수거 중이다

산방꽃차례

잘고 작은 꽃들
별처럼 내려앉았다
청색에서 적색까지 펼쳐진 별의 스펙트럼
녹음의 풀숲으로
소복하게 내려앉은 별 방석

나란히 평상에 누워 별을 헤는 밤
한낮 끓던 뭉게구름 쫓아낸 밤하늘
맞짱 뜨기 딱 좋은 시간이며 방식이다

개꿈에 소스라치는 한여름 밤은
별똥별이 꼬리 뻗어 또 다른 별을 길어 올린다
뚜깔, 마타리, 산수국, 사상자 벌렁 드러누워
덩달아 하늘 맞대고 데칼코마니 연습 중이다

한 방에서 자고 일어나는 열 두 남매를

두레밥상 앞으로 불러 앉히고
잘 나고 못나고 다 품 안 자식으로 퉁 치며
엄마는 다 품으려고 무진 애를 썼을 것이다

오종종 뿌려놓은 별무리 보는 그런 밤
오래전 품다가 놓친 어린 별 몇이
엄마 눈물샘으로 왈칵 뛰어내리는 밤이다

담배꽃

가을 담배 밭에 늦사리 담배 꽃이 피었다

옛날 보따리 담배장사 동네마다 다니던 이모
아리랑, 신탄진, 파랑새를 머리에다 이고
청자, 금잔디, 새마을을 등짐 지고는
비바람 거세던 날 은하수를 건너가 버린 이모
백조가 되길 원했으니 백조가 되어 날아갔을까

건너 농협 앞에 한 사내가 연신 연기를 피운다
댕긴 불을 깊이 빨아들이며 지난밤을 태우듯이
크게 당긴 한숨과 뿌연 연기 번갈아 푸는데
사내의 어깨가 무슨 연유로 들먹거리기도 한다

꺾고, 찌고, 말리고, 가늘게 썬 잎과 잎
수의인 듯 흰옷 입히고 가지런히 눕혀
꽃은 삼키고 잎의 맹독성만 경고문에 붙었다

때를 놓친 담배꽃, 곱고 환한 꽃
한 번도 꺾어본 적 없는 아프게 웃는 저 꽃

민들레요양원

먼 날 어느 초여름
다리 위에 널어둔 보리알곡에
미끄러진 일곱 살 소꿉동무
삼킨 버스가 뱉어놓은 작은 코고무신 한 짝
거적 밖으로 맥없이 삐져나온 두 발
덮어주지 못해 아직도 돌아보면 보이는 그 발
짧은 거적의 변명처럼 해묵은 후회가
군데군데 삐어져 나와 삐걱거리기도 하는데
혹한의 배려인양 붉은 끝동 덧댄
검은 물 먹인 광목이불 아랫목 밑으로
토닥토닥 들썩거리며 파고들던 발
철 따라 피고지고 내리쬐는 햇볕
괭이밥 양지꽃 씀바귀 민들레
작고 낮아서 더 시린 노란 꽃 속에
싸늘하게 식는 발목 파랗게 멈춘 저 발들
열렬하다가 절룩이다가 마침내 역주행한다

더는 설 일 없고 걸을 일 없는 발과 발이
침대 위 하얀 홑이불 밖으로
가지런히 내다 널어 말리는
젖은 한평생이 꾸덕꾸덕 마르고 있다

거품 일대기

자고 일어나면 거품으로 시작되는 일과들
손과 손이 거품으로 합일하고 세숫대야 뒤집기에 바쁜
오른손이 한 거짓말 왼손에 들키기를 밥 먹듯 하는 우리
그렇고 그런 하루를 부글부글 거창하게 시작한다
기름진 찌꺼기가 거품 속 씨앗으로 다시 숨어들고
하수 천을 복개한 이유를 애써 따지지 않기로 한다
거품이 거품을 새끼 치듯이
번식하고 번성하면 또다시 거품으로
거짓이 불린 살림살이에 허풍이 왜 둥둥 떠오르는지
부풀어 떠돌다가 머물지 못하는 거품덩이들
날개를 펴고 날아갈 듯이 가벼워진 거품
어디든지 부려놓고 기댈 수도 없는 거품
죽어가는데 몸집을 줄이지 못하는 거품

파도와 갯바위 천만년 입씨름하다 빼 문 허연 거품
거품세일 거품부동산 거품이력서 거품폭탄이 거침없다
거품이 거품을 낳고 거품으로 죽은 거품은
어둠 속 검고 거대한 거품덩어리에 시취를 풍기고 죽는다
어딘가에서 장래 괴물로 태어날 성분 모를 거품이
심해 어둠 속에서 뽀글뽀글 거품 물고 이죽거릴지도 모른다
나는 날마다 싱싱하고 퍼덕거리는 한 세숫대야의 거품씨앗을
오늘 아침에도 훌러덩 하수구 속에다 심어 주었다

느닷없이 비

봄 가뭄에 입이 비틀어지는 초목들
빈 아가리 벌리고 목젖 드러난 연못에
난데없이 장대비 내리네

한 사람을 산에다 배웅하고 오는 길
손 흔들어 돌아서니 마침 눈물로 답하네

물기 하나 없이 다 빼고 마른 몸
끝까지 종양이 물고 넘어뜨리더라고
마지막 모습을 무지근하게 전해 주네

이제 발이 없어서
돌아오지 못하겠네
입이 없어졌으니
그 쓴소리도 들을 수 없겠네
죽지 마라

마른 잎 시든 잎 골고루 적시는 빗물

갑작스레 비
쏟아져서 땅 밑으로 물길 트이네
아득한 둑길 지나
갈라 터진 논바닥으로
다급한 맨발의 빗물
퍼 나르느라 시끌벅적하다

갈라진 울대를 타고 울컥
저 먼저 도착하는 느닷없는 비
멀고 먼 안부처럼
거기, 우거지는 비

제2부

떨어짐에 대한 단상

매화꽃 뜯어보기

 한나절 내내 화병에 꽂힌 매화를 뚫어져라 들여다보네. 바람 한 점 들어오지 않는 방, 어느 결에 탁자 위로 꽃가루 몇 가늘게 뿌리네. 꽃잎이 파르르 떨던 순간, 빌어먹을 바람이 벌떡 일어나 거들고 가네. 수술에서 흘린 꽃가루는 수컷의 정액이겠네. 수컷 구피의 현란한 꼬리 짓에 흔들리는 뿌연 파문 같네. 향기는 잘게 흩어지고 구석구석 숨어드네. 지독스레 코끝을 후비고 눈에 삼삼 밟히네. 코끝에서 까무러치는 향내는 저 꽃들 숨넘어간 신음이었네. 이내 절정을 치룬 수술은 배꼽을 드러내고 나자빠지네. 화살촉 같던 수술 끝이 둥글게 깎이고 있네. 끝장 본 푯대를 거둔 꽃술 자꾸 구부러지네. 빽빽하던 수술이 느슨하게 길을 터주네. 암술의 밑구멍으로 봄빛이 끼어드네. 바람 한 점 없는 방에도 봄빛 스며드는 한나절이네. 바깥세상 시끄럽다 귀를 틀어막아도 왁자지껄 들이닥치는 봄. 갈수록 성질머리 급해지는 봄이 오네. 꽃들의 목숨 건

전략은 얼마나 더 교묘해질까 하마나 걱정이네. 눈을 꼬부리고 더 세세히 들여다 봐야 될 것 같네.

쥐똥나무

쥐똥에서 꽃향기가 난다고 하셨지요
그건 어머니가 잘못 맡은 걸 테지요

하얀 꽃이 핀 울타리를 지나고 있어요

쥐똥이 새까맣게 익어간다고 하셨지요
아마 어머니가 기억을 놓치는 중일 거예요

울타리에는 푸른 열매가 매달려 있어요

봄, 여름, 가을, 겨울이 지나가요
까만 열매를 매단 나무들이 떨고 있어요

어머니 없이 울타리 앞을 지나가요
쥐똥나무가 자꾸 내게 손을 흔들어요

까맣게 매달린 쥐똥나무 열매를

돌아보고 또 돌아다보는 겨울 저물녘입니다

향기

누군가 훔쳐야만 거기서 빠져나올 수 있겠다
스스로 걸어 나갈 수 없다는 게 꽃의 단점

꿀은 목구멍을 자주 훑어대는 나비의 몫
목젖 너머 잉잉대는 벌들 날개가 번거롭다

향을 가진 꽃도 갖지 못한 꽃도
울대를 세워 울부짖어야 바람이 건드리지
아침부터 재스민이 향기를 게워낸다

꽃의 목구멍 속에는 울컥울컥
예고 없이 건들거리는 바람이 후비고
아찔한 향 쏟는 누군가 뒷얘기가 궁금하다

뒤척이던 향기는 대낮을 지나
골목 끝 담장을 감고 잦아드는데

해 질 녘 백화등 꽃향기가 길 나설 태세다

손톱만 한 백화등 꽃 주둥이가
저녁 옆구리를 뚫느라 뽀로통해지고
기어이 밤마실 한 바퀴 돌아볼 작정이다

부고장을 챙겨 들고 밤길을 나섰다
한 사람의 마지막 향이 타고 있었다

떨어짐에 대한 단상

내 어린 날은
양철지붕에 감 떨어지는 소리에
잠이 들고 깨곤 했다
떨어지는 풋감은
절기에 따라 그 소리가 달랐다

얼마큼 살다 가는지 알려주는 부고처럼

초복 무렵 떨어지는 소리는
여리고 가벼워
베갯머리 내뱉는 엄마 나직한 한숨 같은데
중복쯤이면 뚝 떨어져 굴러 내리는 것이
-아이고 저 놈도 지법 커서 떨어지는 갑다

열두 남매 가져 절반 건진 엄마가 돌아눕는 밤

말복 지난 풋감은 큰소리로 딱 따르르르
처마 끝을 치고 마당까지 뚝 떨어졌다
밤잠 뺏긴 엄마 깊어진 한숨소리
품지 못한 언니 오빠 생각하는지

뱃속에 아이가 줄줄 새던 그날도
객지를 떠도는 아버지 오리무중이고
따라나선다고 툭툭 던진 그 돌멩이 같아서

풋감의 서럽고 막막하던 그 여름 들머리
퍼런 땡감 온몸으로 뛰어내리던 다시 칠월이다

제피나무 열매

깔축없이 튼실하고 참 야무다
겉과 안의 경계가 어쩜 이리 또렷할까

제피 열매를 따서 말리면 껍질을 뚫고 나온
당찬 씨앗은 일일이 손으로 떼어내야 한다

돋보기 끼고 골라낸 반들거리는 눈알
손가락 사이로 솔솔 내빼는 눈알
이 악물고 손톱 끝을 버텨보는 눈알

어쩌나, 쓰임새 없어진 이 눈알들을

애살스레 다 거두는 게 가을이라 해도
알맹이 털어 내다 버리는 것도 가을의 일
새까만 남의 새끼 버리는 게 쉬운 일은 아닐 터

미꾸라지에 소금 한 주먹 확 뿌려야 하는 가을
동그랗게 꼬꾸라지는 몸부림에 몸부림
차마 감지 못하는 허연 저 눈알들

가을은 그저 가볍고 가볍게 훌훌 털고 갈 작정이다

제피나무 까만 눈알 탈탈 털어내고
껍데기 한 줌 움켜쥐고 돌아와
부글부글 추어탕 한 솥 끓이는 저녁이다

진화하는 날개

죽은 듯 잠잠하던 봉지 속에서
쌀이 뭉쳐 꿈틀거리네
캄캄한 어둠 봉지에 살림을 차린 것인데
지난 나의 외간들 혐의 짙어서 할 말 없다

며칠 지나자 화랑곡나방들 폴폴 날아다닌다
내가 소원하던 날개로 시공을 넘나들 활공까지
같은 쌀을 축낸 내 겨드랑이 밑을 후벼본다

집 짓고 똥 싸고 알 까고 집구석을 뒤집어 놓네
휴지로 덮치면 가루만 남기고 휙 날아오른다
약 올리고 독 오르는 게임이 이럴라 싶다
저 잘난 날개 때문에,

어라 쪼그만 것이 속임수를 쓰네
대가리 바짝 들고 궁리도 하네

날개옷 훌랑 벗고 몸뚱이만 숨기네

하찮다 싶던 저 미물
죽기 살기 도망치니 바짝 약이 오른다
더운 날 내 안의 살의에 확 발동을 건다
필사적으로 날뛴 내 손바닥에서 피똥이 튄다

어쩐지 섬뜩하다, 너무 필사적이라서

붉은등우단털파리

등에는 붉은 등 하나 켜고 날개를 열고
불덩이 밑구멍을 맞댄 죽음이 쏟아진다

러브버그가 잘못 열어젖힌 판도라인가
몸은 던져 넣고 사랑에다 목숨 걸어야 했다
숨을 몰아쉬는 날개 끝이 아슬아슬하다

저것들 사랑은 어쩌자고
질척거리는 장마에 불꽃이 튈까
밑구멍을 더듬고 찔러 짝짓고 알 까면서
암컷이 수컷을 풀어주지 못하는 까닭은
다른 암컷에게 보내지 않겠다는 올가미이다

수컷은 죽어야 암컷에게서 벗어나고
암컷은 알을 깐 후에야 비로소 죽을 수 있다
아비 없는 알과 그 알을 책임지지 않는 어미

씨 퍼트리기에 여념 없는 저 벌레들
오로지 한 생을 짝짓기에 탕진하는

포갠 두 허벅지가 선을 넘는 카페에서
몸과 몸이 입술과 입술이 엉겨 붙어
신호대기 중인 사랑 참 가열하다

소국

먼 난쟁이 나라 이름일까

고봉밥 같은 소국 배 터지게 피었다
가을이 무심코 툭 던진 감잎처럼 흔해 빠진

하얀 소국은 언니가 벗어놓고 간 면사포
핏덩이 쏟아놓고 죽은 언니 핏물 빠진 얼굴

그 아기 돌상에 올려놓은 흰, 흰 백설기

겹겹 흰 꽃으로 덮어쓴 엄마 머리카락
밤마다 쓰고 부치지 못하는 편지

검은 밤이 삼켜버린 시월의 그 골목
짓밟힌 블라우스에서 떨어진 작고 하얀 단추

피지 못한 하늘가에 모질게 꽂아둔 하얀 꽃

수많은 작은 꽃잎 옹기종기 둘러앉아
두런두런 꽃숭어리 단단히 엮어두는 꽃받침

가을 내내 혼절하는 하얀 소국, 하얀 향기

꺼이꺼이 울다 할 말 막힌 말줄임표 같고
숨 거둘 때 부릅뜬 하얀 눈동자 같고
그 눈동자와 눈동자에 그렁그렁 고인 눈물 같은

별의별들

키우던 강아지가 죽으면
강아지별로 하늘에 뜰 것이고
주거불명의 길고양이가 죽으면
나그네별 되어 밤하늘 떠다니겠지

죽는다는 건
자기 별과 만나게 되는 일
별의별 유별난 소식들이
아홉 시 뉴스처럼 무시로 반짝거리네

시끄러운 라디오를 땅에다 심어
별빛 홀리는 미루나무로 키워볼까

그 나무 우듬지를 따라
구름은 나날이 무성해질 것이고
상처받은 새들이 찾아와 포근할 수 있다면

막막하고 쓸쓸한 안개비가 내릴 때
누군가는 씨 뿌리고 평화의 꽃으로 피워줄까
영원한 사랑에 묶여 싹둑 발목 잘리는 안개꽃처럼

꿈은 억지로 끌어올수록 달아나는 습성 있고
부모라는 그림자가 얼마나 춥고 싸늘했으면
제 불을 스스로 끈 아이의 소문이 종종 들린다

하늘로 거처를 옮긴 아이들의 별자리를 찾아본다
아픈 별들에게 따뜻한 빛이 스며들기를

두 손 모은다
하늘이여!

냉이

언 땅 뚫고 봄은 어디쯤 오는지
입춘 지난 들판에 분명 살아남을 풀이다

냉이 매뉴얼대로라면 늦가을 싹 터서
가는 뿌리로 실한 뼈마디 하나 만들기
언 땅속에서 모질게 참고 겨울을 건너갈 것

어두운 자색 잎은 겨울을 닮아 칙칙하고 춥다
맹추위를 대하는 자세답게 납작 붙어 엎드릴 것
깎아지른 땅 밑 발가락에 촉수를 길게 뻗는다

한 지붕을 떠받치는 기둥이 뿌리일 때
요지부동 꽁꽁 언 땅에다 뿌리박는 일
봄이 땅속뿌리에 무언의 기척을 건넨다

양지바른 밭고랑에 되바라지기로 작정한 꽃

벌 나비 앉기도 마땅찮은 남루한 꽃
가는 심지에 옹골찬 씨방은 냉이의 배후였으리

뿌리 깊은 잡초를 뽑아보면 알게 되지
제 엉덩이만큼 깔고 앉은 작은 영토에도
아무리 말려도 봄이면 꽃 피고 씨앗 훑는
뿌리 깊은 눈물 바람이 비리고 향기롭다

밟히면서 사는 법

묵정마당 지키는 데 이골 난 풀, 가랑이 벌리고 밑천 거들내고도 별일 없다는 풀, 참 민망하고 부끄러웠겠다, 저 풀.

이름도 많아서 질긴 목숨이라 질경이, 수레바퀴가 뻐대도 잘 산다고 차전초, 엄마는 빼부쟁이라고 내게 가르쳐주었다.

누가 짓밟아도 괜찮고 우마차가 지나가도 그만인, 살아있으니 된 거다. 오래 기다려보면 안다. 감감무소식 빈터를 파랗게 지켜주는 풀떼기도 고맙더라고.

납작 붙어 산다고 할 짓 못하지도 않는다. 밟힌 즉시 탁탁 털고 일어나는 뻔뻔함, 꽃대 쑥 올려 살살 흔들며 너스레 떠는 여유까지.

어린 날 밤에 자주 오줌을 쌌어. 아침에 키 대신 호미 건네며 빼부쟁이 한 홉 캐 오라던 엄마표 약초이다.

제법 커서도 오줌을 싸고, 엄마는 호미를 내밀고, 나는 질경이를 캐고, 엄마의 질경이 달인 물이 약이 되었던, 잊고 살았던 그 질경이를 다시 찾아 볼 일이다. 자꾸 오줌이 새는 나이다.

캔 질경이를 어디로 갖고 가서 우리 엄마를 불러내야 할까.

유기

폐업한 공장 뒤편 담장 아래
번호판을 단 채 녹슬어가는 자동차
두꺼운 먼지 뒤집어쓰고 주저앉은 자동차

내다 버린 걸까 몰래 털고 갔다 버린 걸까
지나칠 때마다 몸을 납작하게 움츠리는
시간이 술술 빠져나가 뻐끔해지는 눈알
한 몸 된 담벼락에 붙박여 발목 묻은 채

보닛 위에 선명한 떠난 새의 발자국들
비둘기 솜털 한 줌 바람을 불러 노닥거리고
앙칼진 밤을 치른 길고양이 눈치가 빤해지는

뻐끔한 구멍마다 햇살 드나들고
이름 모를 꽃이 자고새는 동안
밤새 어미 고양이 산통이 있었는지

박살 난 창 너머로 새끼들 꼼실거린다

저것들 기어코 뿌리를 내렸나 보다
싸늘한 유기와 캄캄한 폐기가 담합한 자리
서로 우거지고 모진 뿌리박기에 전념이다

그나마 산 것들 기척에 위안 삼겠다는데
버려진 사연일랑 애써 묻지 말기로 한다

나뭇잎 배*

 어느 날 잠결에 우리 엄마가 날 후려치더군. 밤낮 붙어 놀던 너네 집 앞이 웅성거리고, 마당 끝에는 지게 하나가 턱 버티고 섰더라. 그땐 몰랐지, 그게 네가 타고 갈 배라는 걸

 마을 궂은일 도맡아 하는 서상 아재가 가마니 덮은 걸 지게에 지고 대문을 나서더라. 아, 불덩이가 등짝에 화들짝 튀었어. 뒷덜미를 낚아채는 엄마 손을 뿌리치고 당구장 2층을 뛰어올라 보니 멀어서 가뭇없는데

 창밖에다 큰소리로 울고불고 한번 돌아보지도 않더라 밤이면 인불 날아다닌다던 북산골 공동묘지 위로 거친 물살에 나뭇잎 배 떠내려가듯 그렇게 가물가물 멀리멀리

 머리에 수건 묶어 콜록콜록거리던 너네 엄마, 병

옮을 라 얼씬도 못하게 막던 우리 엄마, 모두 다 네가 즐겨 부르던 그 나뭇잎 배에 실려서 어디쯤 흘러가고 있을까

남이야 어느 물가를 떠돌다 너네 엄마는 만난 거니?

나는 습관처럼 큼큼거리며 마른기침을 아직도 달고 다니는데 폐병이 너를 데려가 버린 후 나는 쉰 번의 가을을 버티고 있다

그래 그때 우리 열여섯 살 가을이었지

* 박홍근 작사, 윤용하 작곡의 동요

밥벌이

꽃꽂이를 하겠다고
갓 피는 꽃만 골라서 꺾는다

물 올림을 위해 담그기 전
밑동을 한 번 더 잘라준다

꽃꽂이 중에도
모양에 맞춰 자르고 또 자른다

그렇게 난도질한 꽃 다 팔아먹고
참 미안한 줄도 모르고 살았다
나의 밑천 꽃이여!

제3부

세컨드처럼

누가 울고 있다

대학 노천강당에 새 한 마리 앉아있네
그늘진 계단에 검은 옷의 새 한 마리
헝클어진 머리카락으로 숙인 얼굴을 가렸네
구석지고 차가운 시멘트 바닥
분명 흐느끼는데 소리가 들리지 않는 울음
아무도 보지도, 듣지도 않을 믿을 데를 찾아
아프니까 청춘인 거야 끝물 장미 한 송이
가만히 토닥이며 건네주고 싶었지만
발소리 죽이고, 숨소리마저 틀어쥐고
바람인 듯 흔적 없이 빠르게 지나쳐야 했어
그림자도 제 몸 부피를 최소한으로 줄이는
정오를 한 발 앞둔 턱 밑이 몹시 숨찬
초겨울 오전 11시 반이 넘어가고 있는데
새들 멀리 날아가고 텅 빈 나무가 서 있는
거기, 누가 울고 있다

검은 연못

노랗고 창백한 미나리아재비가
못가에 줄지어 피어있던 봄밤이었다

다락논들 옹기종기 포갠 고향마을 모퉁이
달빛을 후루룩 빨아먹는다는 연못
명이 고모가 무단히 빨려 들어가 죽었다

몸은 던지고 깊은 잠에 빠진 명이 고모
넋 건지기 굿 할 때 대나무 올라탄 혼이
칠흑 같은 연못을 떠나가기는 했을까

머리끝 쭈뼛거리고 기겁하던 검은 밤
미나리아재비 꽃 검게 휘청거리는 그믐밤
번들거리는 못물 빨아먹는다던 그 연못
검은 눈 검은 아가리 벌리고 아직 희번덕거릴까

겨울일지

12월의 하루 가야산 아래 무릉동 마을

날마다 웅성거리던 등산객 발소리가 뜸하다
고드름과 부딪치며 칠칠거리는 계곡 물소리뿐

저물녘 집집의 늙은 굴뚝에는
숨소리 같은 흰 연기 한 줄금 풀어 올린다
뒤늦게 연기가 오르지 않는 굴뚝이 있는지
매서운 추위 속을 이장이 예의주시 한다

먼 산이 어둑한데 행여 빈 굴뚝 하나 있어
그 집 느릿느릿 흰 연기가 피어나면 비로소
낮게 엎드린 지붕같이 나직이 마음 놓는다

흰 연기 한 줄금은 가늘게 붙든 숨길이다
어떤 걸음으로 동네를 찬찬히 살피고 간다

굴뚝들의 일과 점검이 마무리된 셈이다
그러구러 조심스레 또 하루가 지는 중이다

이복異腹

당숙의 부고를 받았다
모바일 부고장에 두 재종의 이름이 적혀있다
그 아래 같은 항렬의 이름 하나가 더 붙어 있다
육십 년 넘게 살아오면서 듣도 보도 못한
또 한 명의 재종을 알게 된 것이다
영안실 현황판에도 슬며시 올라있는 사람
젊은 시절 찔레나무 밑둥치에다 몰래
장미 가지 하나를 접붙여 놓은 모양이다
당숙에게 이복이란 어떤 의미였을까
두 배의 행복이 되었을까
비밀 요새를 둔 짜릿함이었을까
마음을 반으로 나눠준 가책이었을까
어떤 혹독한 대가를 치른 것인지
이제 와 어떤 추궁도 하릴없는 일
조문한 후 서로 맞절하고 손을 잡았다
생각보다 따뜻하고 애틋한 것도 같다

접붙인 자리의 흉터가 아물지 않았을 터
그나마 당숙의 마음이 대신 전해오는지
매몰찬 세상 외롭게 살았을 연민까지
잠시의 어색함이 싸늘하지만은 않았다
한 사람의 빈자리에 소환된 이복동생
잡은 두 손에 새로운 온기를 나누게 되는
휴대폰에다 이복이라 받아 적었다
한자로 다를 이, 배 복
한 나무아래 참 쓸쓸했을 두 여자
서로 모르는 체 사느라 참 아팠겠다

매듭을 풀다

다른 날 같으면 목을 꽉 조였을 아침
재바른 손가락에 힘이 풀렸는지 느슨하다
느릿한 그림자가 어슬렁거리는 거실

하품 뒤집는 소리마저 볕뉘의 기울기 따라
어찌 되었던 아직은 괜찮아 그래 괜찮아
칫솔 위에 얹힌 햇살도 동그랗게 울렁거린다

아침에도 샤워를 엄두 내 보는 여가
땀 흘리는 하루가 합법적으로 끝장 나
속옷과 수건을 챙기지 않아도 되는 남자

한평생 시달린 당장이라는 겁박 벗고
처음처럼 낯선 길목에 들어선 시간
조용하고 느린 물소리 들려 나온다
매듭 풀린 시간이 지금 흘러내린다

늦잠에서 깬 남자가 오전 11시에도 샤워를 하네
불문율 같던 그의 넥타이 매듭이 맥없이 풀리네
저 매듭에 매달려 동동거리던 오전이 풀어지고 있다

세컨드처럼

담장 밖에 우두커니 서 있는 캠핑카 한 대
비가 내리고 앞에서 이끌던 차 어디 가고
굵은 빗줄기를 넋 놓고 혼자 맞고 있다

한때 세컨드를 위한 세컨드가 되어
길 따라 철 따라 꽃길 달리는 카라반으로
다시 본채의 그늘에 눈치 보는 아래채로
빗줄기 후려치는 담장 밖 첩살이로 서있다

사랑채에 작은 엄마를 둔 아이가 말했다
아버지 허리띠를 꼭 붙들고 잠드는 엄마와
슬며시 그 손 푸는데 능숙한 아버지를 보았는데
실눈 뜨고 본 마당에 달빛도 확 쓸어내고 싶었다고

양쪽에서 끌어대던 엉거주춤
보채고 떼쓰면 더 또렷해지는 경계선

앙탈이 넘나들던 건넌방과 건넌방 같아

언제 오냐고요, 왜 안 오냐고요
우두커니 비 맞는 저 캠핑카가
담장 밖에서 시뜻하게 칭얼대고 있다

결절

당분간 입도 벙긋 마래요
목소리가 가라앉아 일어서질 않아요
티눈이 생겼으니 푹 쉬라고 하네요

끈질긴 설득에는 고분고분 안 할래요
열다섯 살 여드름이 쓸데없이 덧나요
시간이 할 일에 무모한 손톱을 세웠나 봐요

오래 드나든 길목에 고임목이 있는 법
자꾸 긁는 바람에 피딱지를 덧대고 있어요
소리는 바람의 족속이라 훔칠 수가 없대요

흩어진 노래 숨 모으는 저녁
한낮의 다짐마다 돌덩이로 가라앉고
썩은 거미줄이 중간에 시비를 거네요

소리도 여한이 쌓여 거푸집을 짓는지
성대에 좁쌀만 한 뿌리를 박는 뒤끝 좀 보세요

끝장 편

떠나보낸 사랑에게
미안하다고 말하지 말아요
가다가 홱 돌아서면 그땐 어쩔래요?

사랑이 떠난 자리를
행여 다시 뒤적거리지 말아요
숨은 불씨 되살아나면 불감당인 거 아시죠?

식어버린 사랑이라면
돌아설 때 뒷덜미를 조심해요
분노와 증오로 끝장난 거기
뒤쪽은 늘 섬뜩하니까요

바람이 바람 목을 조르는 건 폭풍이지
기다려주지 않는 기차처럼 가차 없는 싸늘함
끝장 앞에서 솟는 의심과 극단적 살기

너도 죽고 나도 죽는 위험천만의 사랑, 맹독!

변질과 변절로 휘둘리고
애정이 애증으로 폭발하는
조절불가 집착들이여
제발 사랑이라 쓰지도 읽지도 말 것

그녀 이름, 객선이

격포에서 뱃길 따라 한 시간 남짓
산 등허리에 빳빳한 해송이 줄지어 서서
고슴도치처럼 바다를 내려다본다는 섬
고슴도치 위蝟를 빌려 위도라 쓰는데

밀물과 썰물의 자웅동체 저 바다
거기 붙어서 고향을 시시콜콜 해설하는 여자
섬사람들이 부르는 또 다른 이름 객선이

섬을 떠났다가 위도 남자와 결혼하는 바람에
돌아와 섬 해설사가 된 여자
고향이 위도지만 위도에서 태어나지 않았다는

격포행 바닷길 선장은 급히 시동을 꺼 배를 세우고
승객들 치마로 가림막치고 산실을 차리는데
왈칵 쏟아진 아기 첫울음도 유별났다는데

여객선 객실 출생 객선이 고향은 객선리라네
부서지는 물거품처럼 하얀 이 드러내며 웃는
조곤조곤 객선이 옹알이로 쉴 틈 없는 섬

고슴도치 해송이 능선에다 발끝을 세우는 섬
섬의 비밀이 아픔이 객선이 입에서 솔솔 풀리는데
산그림자 진종일 바닷물에 숨어 그녀를 떠받치고
있다

환급의 방식

그동안 많이 죄송했습니다
내일부터 매일 조금씩 돌려드리겠습니다
하루 쥐꼬리만큼이라도 그 빚 갚아 드리겠습니다
빼앗기고도 군말 없이 잘 견뎌 주셨군요

무거운 빚을 지고 가라앉던 겨울밤을 지나
이제부터 조금씩 가벼워질 것입니다
빚을 빚진 어두운 밤길 지겹고 먼 시간
이제 가벼운 걸음으로 걸어가세요
빛을 쫓아낸 그 빚 다 갚아드립니다

밝은 것만 받아서 맘껏 환해지세요
어느 지점에서 지겨울 때도 있겠지만
지금부터 하지까지 무이자에 원금손실 없습니다
맘껏 누려보아요

어둠을 덮어쓰고 밤을 갉아먹던 쥐
그 불면의 쑥대밭을 청산하는 절차
내일부터 쥐꼬리만큼의 빛을 돌려드리기로 합니다

참 다행입니다만
그리하여 또 빼앗길 일은 미리 대비하면 될 것입니다

여기는 동지입니다

립스틱의 변명

립스틱을 싹 갖다 버리기로 했단다

그냥 짜증이 나서, 꼴도 보기 싫어서, 지저분하고 식상해서

허구한 날 튀어나오는 총알 같아 밉상이고
강아지 제제란 놈 촉 같아서 민망하고
급히 나설 때 쭉 내미는 주둥이가 귀찮아서
모조리 내다 버리겠다는 그녀의 하소연이다

얼마 전 해외 출장 다녀온 남편 주머니에서
같은 색깔의 립스틱 두 개가 나왔다는데
예리한 촉수가 얄망스레 설레발쳤나 했다

립스틱 짙게 바르고
속내 감추고 숨기면서 잘도 살았는데

그 재미난 놀이에 사달이 나버린 것이다

실오라기 하나 안 걸친 빨주노초 같은 년
아무리 닦달해도 팬티 색인들 발설할 리 없는데

립스틱에 정 떨어진 그녀가 어느 날
검은색 립스틱을 바르고 찾아온다면 어쩌나

사흘 후 그녀가 빨간 립스틱을 바르고 나왔다
입에 침도 안 바른 남편의 변명이 잘 먹혔나 보다
검은색 립스틱보다 보기에는 훨씬 좋았다

네일아트

동해 간절곶
사시사철 물 밖으로 손 내밀어
해마다 잘살아보자고
약속하는 우직하고 거친 저 손

하나, 둘, 셋, 넷
손가락마다 한 마리씩 차고앉아
갈매기 다섯 마리 아랫배 힘을 쓴다

하루 한 번 손톱에 똥칠하는 시간
칠이 잘 마르도록 바람이 거들어 본다

네일숍에 들러 손톱에 꽃을 그렸지
그 집게 손톱 들어 조심히 셔터를 누르며
내 손톱의 꽃을 보네
난생처음으로 내게 핀 꽃

숨을 참으며 꽃잎 떨어지지 않게
다섯 손가락에 붙은 새가 날아가지 않게
가만가만 환승구간 하나를 건너간다

한순간

약속한 도로변에 서서
건너편으로 네가 나타나길 기다리는데
검은 트럭 한 대가 앞을 가로막고 섰다
기다리는 쪽을 느닷없이 빼앗겨버렸다
가로막은 트럭은 암막이 되어
보이지 않는 사람은 보이지 않는 햇살
기다리던 저 쪽이 완강하게 거절당하고
건너로 꽂은 눈길 얼른 거두어들이라는데
벽을 가진 벽이 무너질까 저항이 거세다
그렇게 버티던 검은 트럭이 커튼을 걷어준다
오, 말갛게 손 흔드는 네가 보인다
건너편이 갑자기 환한 꽃밭이다
순식간에 펼쳐진 멋진 그림이다
검은 트럭은 죽었다 깨도 모를 선물이다
이쪽과 저쪽이 서로 웃고 손 흔들고
한 발짝씩 간격을 줄이며 한 관계가 된다

잠시 한 순간이 지나가고
우리가 알지 못하던 틈이 메꿔졌다
이 모든 순간은 너로 인한 배경이었다

틈

사탕 한 알을 입에 넣고 녹이다
혀 놀림이 다급해져서 빨아먹다 보면
어설픈 쪽이 먼저 녹고 틈이 생기지
닦달에 못 견뎌 스스로 찢어발긴 몸
깎아지른 낭떠러지 앞을 가로선 예각에
혀의 일은 혀가 알아서 피해 볼 일이지만
빨아먹은 사탕이 사랑이라 착각하기도 하지
굴리다 보면 이내 그 날카로움이 순해지는 법
아픈 사랑일수록 더 멀리 달아나게 해서
돌아서고 마는 배신을 쉽게 구별하게 하는
상처는 시간이 지나면 아물게 된다는 말
믿었지만 마주쳐 본즉 다 그렇지 않더라는
제 살 녹아내려 부서지고 바닥칠 때 알지
저기 어리석은 하늘은 제 살 다 뜯어 먹히면서
상현과 하현 어르고 달래 제 품에서 키우는데
사랑이나 사탕이나 달콤함이 전부는 아니라고 해도
저 능수능란 앞에 놀아나지 않을 수가 있었을까

제4부

여한 없다

조심이라는 말

두 발이 드잡이 한 것일까요
한 발 접질리고 나서 조심을 생각하네요

눈길 미끄러워 조심하라는 말
찰떡같이 앞은 조심이라 읽고
뒤로 엉덩방아 찧고서 깨우칩니다

산책길에 드러난 나무뿌리
조심이라 읽고 손은 허방 짚더라고
오른손을 깁스하고 빙긋 왼손을 내밀어요

대낮 뚜껑 열린 맨홀은 어차피 어둠의 자식입니다

콘크리트 양생 중이니 조심하라고요
철근 몇 가닥 찔러 넣은 흉터가 감쪽같은데
혹시 몰라요, 그 안에 어둠을 뚫는 잡초가 있을지

아이들 손 발 머리에 새기고 있는
엄마의 조심은 어디까지 따라붙을까요
엄마라서 엄마의 세상이 끝나야 멈추겠지요

어쭙잖은 참견이 때론 주먹을 자초하지요
입안에서 얽히고설킨 불친절 때문에
이따금 피 터지게 혓바닥을 씹기도 해요

조심이라는 말을 줄 긋고 환절기라 부릅니다

마당에 들마루에 난교의 낌새가 스멀거려요
집적거리는 바람의 샅간 뭉클 폭발하는 송홧가루
아지랑인지 바이러스인지 가릉거리는 너머
참혹하던 언덕에서 숨진 봄을 다시 일으켜요

캄캄하던 그 봄, 조심이라고 고쳐 읽습니다

오래된 눈물

한 방울 두 방울 몇만 년 떨군
물방울 먹여 키우는 종유석 보러 간다

우두커니 망부석으로 선 채
간절한 기도에 속수무책이던 나의 마리아
냉담은 염치없어도 두 손 모으니 더 간절하다

석순과 석주 사이 보이는 하얀 아기 손가락
강보에 싸인 돌덩이가 빨아대는 젖꼭지
안을 수 없지만 불러 봐도 될까 아가

뱃속 아이를 떼고 돌아와 누워 있는데
어린 아비가 섧게 울어 이 깨물고 눈 감아버렸어
산아제한 정책 탓이지 우리 잘못 아니지 않나

옛날의 마리아 작은 손가락 작은 마리아

죽여서 동굴 밖으로 끌려 나와야 했던
셋째에 걸려서 지금까지 울고 있는 마리아

칭얼칭얼 눈물 빨아대는 어둠만 자라는
억겁의 어린 손이 자라는 성류굴 찾아간다

양은냄비

오래된 양은 냄비가 있다

쭈그러졌으나 버릴 수 없는
두 아이 젖병 번차로 삶아주던
멸치국물 푹푹 우려내던 그 냄비

삶은 국수 가락처럼 늘어지던
여름 오후를 뜨겁게 주워 담던 냄비
짧은 한 끼 젓가락질은 늘 다급했는데

늙어 군소리 않으려고 용쓰던 엄마

종양이 기도문처럼 달라붙으니
냄비의 위장에서 신음소리 샐까 봐
일찌감치 곡기 끊고 말문부터 닫아걸던

눈감는 엄마를 표정 없이 지켜보던
흰 죽 한 줌 남긴 채 쭈그리고 앉은 냄비
들들 볶아도 불평 않던 냄비

떼어낼 수 없자 종양을 안고 떠난 엄마

잘 가 엄마
더는 아프지 말라며 불에 갖다 바쳐도
측은하게 그저 바라보던 그 냄비

차마 버리지 못하고
부엌 한 귀퉁이에 모셔둔 오래오래된
양은냄비 하나 있다

연도교

이어질까 끊어질까
경계를 그은 전신주 사이
천 개의 섬이 숨 쉰다는 천사섬
잘금잘금 지쳐 까무러지는 바다

칠순 넘은 아들과 면회 중인 노모
핏물 빠지고 비린 안부를 묻고 또 묻고
같은 대답으로 답하고 응대한다

헐어서 붙은 눈꼬리 뜨는지 닫는지
캄캄하게 막힌 절벽 귓전에다 대고
노모의 지친 문간을 애써 두드려본다

간혹 헛기침에 무너지는 목젖 너머
한쪽이 기우는지 기우뚱한 가슴께
또 오너라, 다녀가거라, 언제 올래?

검버섯 얼룩진 손 가늘게 흔들어본다

섬의 아랫도리를 빨아먹고 사는 개펄
아무리 붙잡아도 썰물은 빠지기 바쁘고
때 되면 천방지방 밀물되어 들이닥쳐도
바다는 천 개의 섬을 품 안에 끼고 산다

한 뿌리에서 천 개 젖무덤으로 솟은 섬들
묵묵부답으로, 간혹 애먼 손짓이 되어
눈빛으로 애써 자욱해지는 근황이 있다

여한 없다

사십삼 년 전 시집올 때 시어머니는 마흔여덟 살이었다. 사사건건 쥐어박는 말투에 가슴앓이한 시절, 수시로 좌절하며 긴 세월 시달렸다. 젊은 시어머니는 투병 중인 남편과 딸린 식구들, 죽솥도 못 채우는 살림을 맡아 악바리라 불렸고, 따뜻한 말 한번 할 줄 모르는 뚝사발로 살았다 한다.

"참 없는 살림에 시집와서 네가 속았다"

다소 어둔한 발음으로 시어머니가 한 말씀 툭 던지자, 함께 있던 식구들이 얼른 받들어 잘한다 잘했어 손뼉을 친다. 요양원 면회가 막 끝나려는 참이었다. 묵직한 말 한 뭉치 꺼내서 툭 던지는데, 후련하기는커녕 이제 뒷일은 내 모른다는 추인 같고, 떠맡아 잘 매조지라는 일방통보 같았다. 두들겨 맞은쪽 보다 때린 쪽이 먼저 수건을 던져 판을 덮는 격이다. 거기다 어떻게든 잘 견뎠으니 오늘이 있었노라고 박수까지 쳐 주는, 참 친절도 하여라.

 십여 년 끊어졌다 이어졌다 반복하며 그 잘난 아들 못나 보일까 철벽 치더니, 저 한마디로 평생 지른 빗장을 푸는 모양이다. 그 심정 다 읽히는 늘그막인지라 슬쩍 뒤로 빠져보는데, 흐릿한 정신줄 끝에서 쥔 회한 같고, 여한 남기지 않으려는 자위권 같다. 그러면 된 거다. 여한이 여한이라 부르기도 전에 먼저 마음을 빼는 일격으로 잠시 기우뚱했다.

 휠체어가 움직이자, 힘겹게 손을 들어 아무 여한 없다는 듯 좌우로 흔들고 뒤돌아보지 않았다. 막판까지 완승이다, 신의 한 수다.

어떤 대우

미술관 매표 대기 줄
신분증 들고 느릿느릿 따라 선다

난생처음, 우대받으란다
껌 주운 기분도 아니고
그렇다고 똥 밟은 기분도 아닌
알아요? 이 기분

옛다, 이거나 받으소
뜨거운 붕어빵 하나 엉겁결에 받아
다시 돌려주자니 겨를 없고
덥석 입에 넣기엔 뜨겁고 머쓱하다

가이드라인 코앞에 서서
가이드라인 넘어온 줄도 모르고
그 길 못 갈 것도 없지만 잠시 돌아본다

국보급 명작 전시관은 꽤나 어두컴컴한데
왜 그리 흐릿한지 왜 자꾸 더듬거리는지

준다고 다 받아먹은 나잇값에다 덤이라
이미 우대된 우대의 무덤덤한 기색을 살피며
이런 경우 고맙다 할까 아쉽다 할까 그 참

공터에서 혼자 캄캄해지고 있다

자판기가 줄지어 공터에 서 있다
제대로 바닥 한 번 고른 적 없는 자투리땅
비스듬히 기대고 선 저물녘
돛이 기울어지자 엔진부터 팔아먹은 폐선처럼
등 기댈 데 없어 등에 등을 붙인 채

엄마가 고장 났다
열매 맺지 못하는 과수가 되어
더 이상 숨이 될 수 없는 캄캄한 구멍
막바지 손질마저 어둠에 갇혀
그 골목 꽃밭으로 남게 된 날

몇 겹 녹슬고 오작동이 잦더니
방치된 틈으로 봄도 따뜻한 웃음을 거두고
지루한 장마는 지린내로 엄마를 헹궈놓고 갔다
마침내 전원이 끊어지자

엄마는 건너편을 기웃거리기 시작했다

눈보라 매서운 바람에 혼절한 자판기가
다 꺼내 주고 내장도 삭아 내린 자판기가
공터에서 우두커니 혼자 캄캄해지고 있다

마침표 자리

혼례를 다 마친 꽃술은
뒤처리는 바람한테 떠다 맡긴다
황당하다

젖 뗄 때가 다 된 새끼들은
어미 젖꼭지를 피 터지게 물어뜯는다
절박하다

어른으로 성장할 때 아이는
제 속의 아이를 혼신으로 밀어낸다
질풍노도다

죽을 때는 가차 없이 죽을 거라더니
자식 몰래 산소통 호스를 당겼단다
잔인하다

가야 할 때를 아는지 모르는지
풋감이 연달아 몸 던지는 중복이다
여지없다

내 혀가 멈추어 군말 필요 없을 그때
그 시점임을 알게 해 주십사
점 하나 잘 찍을 자리, 속절없다

고집 센 의자

 시골집 대문간에 의자 하나가 버티고 있다. 편하게 앉아서 쉬라고 갖다 놓은 의자가 빈집 문간을 지키는 의자가 되어 묵묵하게 지키고 있다. 무슨 임무를 명받은 수문장 같이 당당하게 버티고 있다. 오래전 오며 가며 앉아서 기다리던 의자는 심심찮게 바람맞던 쓸쓸한 기억을 간직한 채 이제는 오로지 지키는 것에만 열중하고 있다. 자물쇠가 채워진 대문간을 누가 업어 갈까 지키는 고집 센 낡은 의자, 할 수 있는 일이 있어서 그나마 다행인 의자, 정든 곳을 떠나지 않게 되어 안심하는 의자, 누구든지 오면 제일 먼저 바라봐주는 자리라서 괜찮다는 의자, 충견처럼 웅크리고 앉아서 짖지도 않는 의자가 굳게 지키고 있다. 녹슨 엉덩이가 떠날 때 남긴 지린내를 잘 머금고 있는 의자, 추운 겨울에도 죽을힘 다해 문간에 버티고 있다. 버릴 수 없는 빈집, 기다림에 이골 난 빈 집의 텅 빈 의자, 꼭 주인 닮았다고 누군가 중얼거린다. 돌아오지 않을 것을 아는지 주인 안부에는 관심 두지 않는다. 지난봄 주인의 영정 사진이 한 차례 들어갔으나 고집 센 의자답게 무덤덤하게 못 본 척한다. 아무래도 저 의자 대를 이어 충성할 태세다.

복지로 가는 길

　기초노령연금 신청하러 행정복지센터 찾아가네

　철쭉꽃 붉게 핀 담장 옆 요양센터를 지나고
　보도블록 틈 노란 민들레 고개 내민 재활용센터를 지나서
　툴툴거리는 늙은 자동차 리프트 위에 올라앉아 아랫도리 까고 시커먼 피똥을 싸대는 카센터를 지나간다

　빈 화분 두어 개 햇살에다 내놓은 이삿짐센터 지나고
　희망 푸른 순찰차가 있는 치안센터를 지나서
　내장을 샅샅이 뒤지고 뜯어보며 취조하는 건강검진센터를 지나간다

　지나가고 지나와서 거기, 누구든지 와서 눈먼 돈 챙

기라고 친절히 맞이하는 행정복지센터가 있다

 낡은 돋보기를 걸치고 더듬거리는 고객들로 복지상담 창구는 늘 왁자지껄 하네
 먼 소리 짧은소리 귀에다 넣어주느라 핏대를 세워도 불통이 불통으로 막힌 채
 은총을 베풀 복지창구와 이미 한쪽으로 기우는 곤란과 곤궁의 고객들이 좌충우돌웅성거리네

 언젠가 나는 행정복지센터를 행복센터로 읽은 적이 있다

 센터와 센터를 거처 센터에서 밀려난 센터들이 줄지어 센터를 치는 곳
 무엇을 잃어버렸는지 누군가 분실물센터 쪽을 흘깃거리고 있다

뒷북치기

사랑은 오래 참고, (인내가 폭발한다)
사랑은 온유하며, (때론 게걸스럽다)
사랑은 시기하지 않으며, (은근 눈치가 따갑다)
사랑은 교만도 아니하며, (한편 겸손도 건방지더라)
사랑은 무례히 행치 않고, (너무 점잖아도 갑갑하다)
자기의 유익을 구치 않고, (그저 손만 빨면서 어떻게 살까)
사랑은 성내지 아니하며, (웃을 일만 있는 게 세상인가)
진리와 함께 기뻐하고, (어디까지 따라가면 될까)
사랑은 모든 것 감싸주고, (활씬 벗고 천하에 까발리기도 하지)
바라고 믿고 참아내며, (저리 많은 걸 바라다니)
사랑은 영원토록 변함없네. (글쎄 영원은 가능한 걸까)
믿음과 소망과 사랑은 이 세상 끝까지 영원하며, (간

절히 그러기를 바라지만)

  믿음과 소망과 사랑 중에, (이런 것 말고도 하도 많아서)

  그중에 제일은 사랑이라, (알지만 이루어지지 않더라)

  그중에 제일인 사랑, 그 사랑 살아 있는지 본 사람,

켈로이드 & 켈로이드

지네가 들어앉은 자리일까요
상처가 아문 자리에 화석이 되려고 해요
어떤 아픔이 엄발난 테두리에 마구 엉겨 붙어요
흉터가 더 크게 자랄 테니 다치지 말라하네요
상처가 나아도 흉터는 더 맹렬히 번성하는 숲

엄마가 언 손으로 박박 긁던 붉은 흉터
젖무덤 사이에 걸터앉아 잔발 뻗치던 그 지네
엄마젖 만질 때마다 내 손에 불쑥 잡히던 그것

어디서 길 헤매다 가끔 찾아오던 아버지
바람이 훑던 그 겨울이 가도 오지 않았고
엄마의 가슴팍을 뜯던 흉터도 세월도 잊혔다

내 몸으로 옮겨온 끊어지지 않는 엄마의 것
유전이 무전취식 하는지 내게 들붙어서

고집 센 뿌리로 완고한 둥지를 짓고 있다

태어나자 맞은 BCG주사 한 방에 전염된
딸의 어깨에도 작은 지네발이 터 잡았는데
엄마의 엄마를 거쳐 딸에게 건너가는지

켈로이드 연고 바르는 켈로이드 엄마
잔발 뻗는 지네처럼 먼발치 켈로이드
따끔따끔 가려운 지네같이 불치인 불치

굴복

첫눈 예보가 있는 점심에 도가니탕 먹기로 하는데
잔뜩 흐린 하늘에는 잿빛 눈구름이 뭉치고
흐린 국물에 뭉글뭉글 잿빛 투명한 도가니 한 그릇
총총 썬 파릇한 파는 무릎임을 가리려 혼신이다

푹푹 고인 무릎을 열고
단호한 뼈를 빠져나온 울컥 이리 순해진
저 눈구름처럼 뭉클뭉클
살면서 무릎 몇 번이나 꿇었을까
이런 날이면 몹시 쑤시고 많이 억울하다

기생집 그 머스마
들꽃 한 뭉치 꺾어 그녀 앞에 무릎을 꿇었지
그녀가 기절초풍 방방 뛰었던 호들갑에
우리 모르는 것 다 일러바치는 사춘기였고
앞지른 어른들 흉내내기에 급급했지

머리 쇠똥도 안 벗겨진 것이 담배 피우고
무릎 꿇고 토끼풀 반지 바치더니 살림 차리고
덜컥 두 아이 아비가 되어 아등바등하더니
몰래한 마약 앞에 무릎 꿇고 말았다고 하네

참꽃 밭에, 보리밭에, 돌나물 밭에 집요하게
꽃 꺾어 들고 꿇어대던 무릎과 무릎 사이
거꾸로 가로질러간 팔자같이 캄캄하던
어떤 무릎은 꺾고 어떤 무릎은 꿇린 채

꿇어 벗겨지고 허물어져 버린 한 무르팍처럼
완강하다가도 풀고 삭아 내리기까지
시큰둥하니 뜬 눈구름 같은 도가니탕 한 사발
창 너머 하늘을 훔치다 훌훌 불며 마셔댄다

자폐

느닷없이 욕실 문이 잠겼다

찌르고 쑤시고 비틀어 보지만 한 번 잠긴 문은 요지부동이다

출장 온 기사는 손잡이가 부식돼 안팎이 한통속 되었으니 교체가 답이라는데
밤낮 한 방살이가 진저리 난 모양이다

상피가 난 남녀를 방에 가두고 대못으로 쾅쾅 지르고 관솔 불 가물대던 집
바깥이 틀어막은 문 안쪽에서 두 그림자가 몸으로 박박 지워버린 집
옛 마을의 춘사가 전설같이 전해지던 그런 오두막 집이 있다

불쑥불쑥 솟구치던 몽정의 사춘기처럼 쾅쾅 빗장
지르고 스스로 걸어 잠근 방

결국 손잡이를 통째로 뜯어냈다 안쪽은
시치미 뚝 뗀 한나절이고 하도 태연한데
문밖은 역시 바깥인 것을 오전만 후딱 날아갔다

만월

보름간 파먹어 캄캄하고

보름간 울어 눈썹이 짙은

그 절반과 절반이 비로소 만난 날

단 하루뿐 완전무결이다

하늘도 보태줄 수 없는 그 하루가 꽉 찼다

해설

꽃들에는 모두 아픔이 새겨져 있다

황정산(시인, 문학평론가)

1. 들어가며

한 시집에서 수많은 꽃의 이름과 그 이미지를 이렇게 한꺼번에 많이 본 적이 없다. 박언숙 시인은 한 마디로 꽃의 시인이라 할 수 있다. 꽃은 인간에게 특별한 기억을 떠올리게 한다. 꽃이 피는 모습의 화려함과 다가올 풍요에 대한 기대에서 오는 행복감이 인간의 집단무의식에 새겨져 있기 때문이다. 그래서 대개 모든 예술 작품에서 꽃은 생의 정점과 아름다움의 은유로 쓰인다. 박언숙 시인의 시에서도 꽃은 아름답고 특별한 존재이다. 하지만 그의 시에서 꽃은 행복한 기억만을 떠올리지 않는다. 그것보다는 '아픔의 기록 장치'에 가깝다. 능소화·쥐똥나무·냉이·민들레·미나리아재비 등 생활 주변의 꽃들은 화려한 아름다

움보다는 견딤, 돌봄, 결핍의 서사를 불러낸다. 그러므로 그의 시에서 꽃은 단순한 장식이 아니라 삶의 균열을 떠받치는 구조물인 셈이다.

또한, 박언숙 시인의 시에는 공터의 이미지가 자주 등장한다. 공터는 꽃의 빈자리이고 동시에 꽃이 필 수 있는 공간이기도 하다. 시 「공터에서 혼자 캄캄해지고 있다」가 보여주듯 '공터'는 버려진 자리이면서 동시에 관계가 끊긴 사물과 기억이 모여 잠시 숨을 고르는 여백이다. 전원이 끊긴 자판기, "엄마가 고장 났다"는 냉혹한 비유는 양육과 돌봄의 기계적 반복이 한계를 맞을 때 여성의 몸과 감정이 어떻게 '공터'로 밀려나는지를 드러낸다. 공터는 결핍의 장소이면서, 또 한편으로는 꽃이 피어날 공간이기도 하며 한 겹씩 벗겨진 사물·식물·몸의 목소리가 들리는 공명실이기도 하다. 박언숙의 시는 바로 이 공터에서 꽃의 언어로 상처의 지도를 다시 그린다.

2. 상처와 상실의 흔적들

우리는 살아오면서 수많은 상실을 경험한다. 어린 시절 친구나 반려 동물과의 이별에서부터 시작하여 자라서 겪게 되는 사회적 관계 속에서의 좌절 등이 우리의 가슴 속에 깊은 상실의 상흔을 남기고 있다. 이 시집의 시들에는 이런 상실의 장면들이 촘촘히 겹쳐져 있다.

>노랗고 창백한 미나리아재비가
>못가에 줄지어 피어있던 봄밤이었다
>
>다락논들 옹기종기 포갠 고향마을 모퉁이
>달빛을 후루룩 빨아먹는다는 연못
>명이 고모가 무단히 빨려 들어가 죽었다
>
>몸은 던지고 깊은 잠에 빠진 명이 고모
>넋 건지기 굿 할 때 대나무 올라탄 혼이
>칠흑 같은 연못을 떠나가기는 했을까
>
>머리끝 쭈뼛거리고 기겁하던 검은 밤
>미나리아재비 꽃 검게 휘청거리는 그믐밤
>번들거리는 못물 빨아먹는다던 그 연못
>검은 눈 검은 아가리 벌리고 아직 희번덕거릴까
>―「검은 연못」 전문

이 시는 "노랗고 창백한 미나리아재비"로 시작하지만, 말미에는 "검은 눈·검은 아가리"로 끝난다. 생명과 봄(노랑)이 죽음과 공포(검정)로 바뀌는 색채 이동이 상실의 진행을 시각화하고 있다. 여기서 상실은 색이 바래는 일이 아니라, 색채 체계 자체가 뒤집히는 사건이 된다. "달빛을 후루룩 빨아 먹는다는 연못", "무단히 빨려 들어가" 같은 구절은 연못을 단순한 장소가 아닌 포식적 주체로 의인화한다. 곧 상실은 '무엇을 잃었다'가 아니라, 다른 누군가가 무엇인가를 빼앗아 간다는 감각, 즉 타자의 폭력으로 체감된다.

또한, 상실은 사적 애도의 문제가 아니라 마을의 풍경에 각인된 기억의 상실로 확장된다. 다시 말해, "명이 고모"의 죽음은 가족사의 상흔이면서, 다락논과 고향마을의 지명·지형 속에 고착된 공동체적 트라우마이기도 하다. "넋 건지기 굿… 떠나가기는 했을까"라는 물음은 의례가 이 상실의 트라우마를 봉합하지 못했음을 암시한다. 의식이 끝나도 질문이 남는 상태 자체가 상실의 현재형을 보여준다 할 수 있다. 물(연못)이 "달빛(하늘)"과 "몸(인간)"을 같은 방식으로 빨아들이며, 자연/인간, 밤/봄, 생/사의 경계가 무너진다. 종결부의 "아직 희번덕거릴까"는 현재

형의 질문으로, 상실이 끝나지 않았음을 확인한다. 상실은 과거 사건이 아니라 지금도 우리를 응시하는 "검은 눈"이다.

이렇게 이 시 「검은 연못」의 상실은 '없어짐'이 아니라 빼앗김·흡입·미해결의 감각으로, 장소(연못)에 응결된 지속적 현재를 보여준다. 노랑에서 검정으로, 봄밤에서 그믐밤으로 밀려가는 색채와 시간의 전환이, 애도의 실패와 공동체적 트라우마를 겹쳐 놓으며, 우리를 아직도 희번덕거리는 "검은 연못" 앞에서 두려워하게 만들고 있다.

다음 시에서의 상실감은 더욱 처절하게 느껴진다.

    한 방울 두 방울 몇만 년 떨군
    물방울 먹여 키우는 종유석 보러 간다

    우두커니 망부석으로 선 채
    간절한 기도에 속수무책이던 나의 마리아
    냉담은 염치없어도 두 손 모으니 더 간절하다

    석순과 석주 사이 보이는 하얀 아기 손가락
    강보에 싸인 돌덩이가 빨아대는 젖꼭지

안을 수 없지만 불러 봐도 될까 아가

뱃속 아이를 떼고 돌아와 누워 있는데
어린 아비가 섧게 울어 이 깨물고 눈 감아버렸어
산아제한 정책 탓이지 우리 잘못 아니지 않나

옛날의 마리아 작은 손가락 작은 마리아
죽어서 동굴 밖으로 끌려 나와야 했던
셋째에 걸려서 지금까지 울고 있는 마리아

칭얼칭얼 눈물 빨아대는 어둠만 자라는
억겁의 어린 손이 자라는 성류굴 찾아간다
─「오래된 눈물」 전문

이 시는 "한 방울 두 방울 몇만 년"이라는 지질학적 시간으로 문을 연다. 종유석을 키우는 물방울의 점적點滴은 오래 축적된 눈물의 형상화다. 이 시의 화자에게 상실은 한 번의 사건으로 끝나지 않고, 시간을 먹고 자라 돌이 되는 슬픔, 즉 '오래된 눈물'로 침전된다. 이 작품은 개인적 비극과 사회적 폭력, 종교적 기표와 물질의 자기증식이 교차하는 자리에서 상실을 기억의 지층으로 바꾸는 시적 실험이라 할 수 있다.

 이 시에서 동굴은 자궁과 무덤의 이중 은유다. "석순과 석주 사이 보이는 하얀 아기 손가락", "강보에 싸인 돌덩이가 빨아대는 젖꼭지"는 생과 사의 경계에서 멈춘 신체를 돌로 번역한다. 젖의 이미지는 양육의 약속이자 단절의 증거다. 빨아야 할 것은 젖이지만, 동굴에서는 어둠만 자란다. 고체화된 젖·손가락은 자라지 못한 성장의 비문이며, 동굴 천정의 방울은 울음의 지속을 시각화한다. 화자는 "우두커니 망부석"의 자세로, 기다림의 시간이 곧 석화(石化)임을 보여준다.

 "나의 마리아", "두 손 모으니 더 간절하다"에서 가톨릭적 마리아의 형상은 위로의 가능성을 열지만, "냉담"이라는 말은 죄책·단절의 그림자를 드리운다. 이 신앙적 어휘는 구원의 통로이자 윤리적 자책의 장치로서 작동한다. "옛날의 마리아 작은 손가락 작은 마리아"의 반복은 유실된 아기/어머니를 보편화하며, 개인의 애도를 공적 기억으로 확장한다. "산아제한 정책 탓이지 우리 잘못 아니지 않나"라는 문장은 상실을 사적 선택이 아니라 구조적 강제의 결과임을 지적한다. 이 시는 이렇게 개인의 죄책·부채의 언어를

역사적 폭력의 언어로 전환하며, 슬픔의 윤리를 비난에서 연대로 이행하게 한다.

이 시가 보여주는 에토스는 용서나 망각이 아니라, 길게 방울져 돌이 되는 기억을 응시하는 일이다. 그렇게 시는 한 생의 부재를 '없음'으로 지우지 않고, 방울-돌-손가락의 느린 문법으로 계속 자라게 한다. 상실은 끝났다는 증명이 아니라, 우리가 함께 짊어져야 할 지층임을 이 시는 조용히 그러나 확실히 보여준다. 시인은 비탄으로 울부짖지 않는다. 대신 사물의 표면에 남은 흔적을 또렷이 가리킨다. 그 지시의 차가움이 곧 애도의 밀도다.

「켈로이드 & 켈로이드」는 상처의 '완치'라는 낙관을 거부한다. "켈로이드"는 치료 후에도 더 크게 번지는 흉터, 곧 기억이 살 속에서 자가 증식하는 양상을 은유한다.

> 엄마가 언 손으로 박박 긁던 붉은 흉터
> 젖무덤 사이에 걸터앉아 잔발 뻗치던 그 지네
> 엄마젖 만질 때마다 내 손에 불쑥 잡히던 그것
>
> (중략)

> 태어나자 맞은 BCG주사 한 방에 전염된
> 딸의 어깨에도 작은 지네발이 터 잡았는데
> 엄마의 엄마를 거쳐 딸에게 건너가는지
>
> 켈로이드 연고 바르는 켈로이드 엄마
> 잔발 뻗는 지네처럼 먼발치 켈로이드
> 따끔따끔 가려운 지네같이 불치인 불치
> ―「켈로이드 & 켈로이드」 부분

켈로이드를 '지네'로 비유한 발상은 탁월하다. 다족의 촘촘함은 흉터 조직의 과잉 증식을, 기어 들어앉는 지네의 집요함은 통증의 재발을 상기시킨다. '숲'은 번성/확산의 비유로, '화석'은 굳어짐/영속의 비유로 대응한다. 생장과 경화가 한 몸에서 공존한다는 점이 상처의 이중성을 잡아낸다.

마지막 연의 세 번 반복되는 "켈로이드"는 명명 자체가 주문처럼 상처의 실재를 소환하는 장치이며, "불치인 불치"로 끝나는 음성적 폐쇄는 완치를 거부하고 '함께 견디는 생'을 선택하는 선언처럼 들린다.

3. 꽃과 나무에 새겨진 아픔의 기억들

이 시집의 백미는 식물 이미지와 생활사를 섬세하게 접속시키는 데 있다. 다음 시가 이를 아주 잘 보여준다.

능소화 꽃숭어리에 한물 터졌다
파고라를 뚫고 거꾸로 매달린 원추꽃차례로
층층이 아래로 더 아래로 엮어내는 꽃다발이고
훌러덩 노을 덮어쓴 환한 고깔의 역발상이다

셋째 낳고 첫 칠쯤 퉁퉁 불은 젖을 품고 와서
젖배 곯는 막냇동생 입에다 물려준 큰언니
열두 남매 친정맏이로 육 남매 시집살이로
덧쐬운 앞치마에 물 마를 날 없는 고샅이었다

풍속도를 뚫고 튀어나온 팔뚝같이 억세고
찢은 허공에다 모가지 쑥 들이미는 무모한 꽃

무더기, 무더기 능소화 꽃숭어리 같이
두레상에 둘러앉은 술 취한 형부 팔뚝 같은 저 꽃
그 팔뚝이 빌어먹을 밥상 엎을 때도 무심히 피

고 있던 꽃

> 아래로 꽃가루 다 털어주고 나면
> 꽃받침 벌써 느슨하고 헐거워지는 능소화는
> 비 오는 날 제 몸 통째로 던져
> 꽃대에 실린 무게부터 줄이는
> 그녀의 아흔한 번째 여름이 안간힘 쓰고 있다
> ―「불쑥, 능소화」전문

다층으로 엮인 능소화의 형상은 이 시에서 여성의 삶에 새겨진 노동과 폭력 그리고 체념을 밀도 높게 비유한다. 파고라를 뚫고 "거꾸로 매달린 원추꽃차례"는 위로 솟는 생장 대신 아래로 엮어내는 역중력을 택한다. 이는 가부장적 위계의 정상頂上을 거부하고, 아래로 향해 "덧씌우는" 돌봄의 노동으로 삶을 유지해 온 한국적 여성성의 방향을 표시한다. "통통 불은 젖", "열두 남매... 육남매"의 과잉 돌봄은 꽃가루를 아래로 털어주는 능소화의 번식 습성과 포개지며, 고샅의 젖은 앞치마는 공동체 생계의 습윤한 무게를 선연히 드러낸다.

시의 중간 부분의 전환은 더 날카롭다. "풍속도를

뚫고 튀어나온 팔뚝"은 미화된 민속의 정서를 깨뜨리며, "술 취한 형부 팔뚝"이 밥상을 뒤엎는 폭력의 장면으로 비약한다. 능소화는 그때에도 "무심히 피"어 있다. 이 무심함은 냉혈이 아니라, 폭력의 반복 속에서도 일상을 유지하는 구조적 무감의 강요, 또는 살아내기 위한 방어적 둔감으로 읽힌다. 꽃의 '무더기'는 연대가 아니라 중첩된 부담의 더미이자, 감당해야 할 돌봄·폭력·침묵의 적층이다.

종결부의 "비 오는 날 제 몸 통째로 던"지는 습성은 시의 윤리적 결론을 만든다. 능소화가 꽃대의 하중을 줄이기 위해 스스로 떨어지듯, 화자는 '무게를 견디기 위해 스스로의 무게를 덜어내는' 생존의 기술을 보여준다. "아흔 한 번째 여름"은 한 개인의 연령이자 여성 세대사가 겹겹이 누적된 시간의 총합이다. 이렇게 이 시는 사물의 관찰을 통해 가정 내 젠더 권력과 돌봄의 모순을 드러내며, 위가 아니라 아래로 흐르는 생의 방향이라는 미학적 역발상을 우리 사회의 대안적 현실 감각으로 설득한다. 능소화는 결국 '피는 것'이 아니라 '떨어지는 일'로 살아남는 존재의 은유이며, 그 은유를 통해 시는 돌봄의 윤리와 폭력의 구조를 동시에 비판한다.

쥐똥에서 꽃향기가 난다고 하셨지요
그건 어머니가 잘못 맡은 걸 테지요

하얀 꽃이 핀 울타리를 지나고 있어요

쥐똥이 새까맣게 익어간다고 하셨지요
아마 어머니가 기억을 놓치는 중일 거예요

울타리에는 푸른 열매가 매달려 있어요

봄, 여름, 가을, 겨울이 지나가요
까만 열매를 매단 나무들이 떨고 있어요

어머니 없이 울타리 앞을 지나가요
쥐똥나무가 자꾸 내게 손을 흔들어요

까맣게 매달린 쥐똥나무 열매를
돌아보고 또 돌아다보는 겨울 저물녘입니다

―「쥐똥나무」 전문

쥐똥나무를 둘러싼 이 시는 '냄새 - 이름 - 기억'의 틈을 따라 상실의 정서를 그린다. 제목부터 '쥐똥'과 '꽃향기'의 역설이 강조되고, 1·2연의 병치 - "…하셨지요/…일 거예요"는 공손한 경어 속에 조심스러운 반박을 심어 둔다. 화자는 하얀 꽃 - 푸른 열매 - 검은 열매로 변하는 식물학적 사실로 어머니의 말을 정정하지만, 그 정정은 지식의 승리가 아니라 '기억을 잃어가는 이'와 '기억을 붙잡으려는 이' 사이의 간극을 드러낸다. "울타리"라는 장소 선택도 탁월하다. 울타리는 안/밖, 과거/현재, 함께/부재의 경계를 표상하며, 화자는 그 경계 앞에 "지나고 있어요"라고 현재진행으로 기록한다. 계절이 한 바퀴 도는 3연은 시간의 가속을 보여주고, "까만 열매를 매단 나무들이 떨고 있어요"에서 떨림은 나무의 감각인 동시에 남겨진 자의 신체적 공명이 된다.

시적 전환은 "어머니 없이"라는 구절로부터 온다. 부재의 명시와 동시에 사물이 말을 건다. "쥐똥나무가 자꾸 내게 손을 흔들어요"라는 구절에서 화자는 더 이상 어머니의 기억을 교정하지 않는다. 오히려 나무의 호명에 응답하며 관계의 축이 인간에서 비인간으로 이동한다. 이는 상실 이후의 애도 방식이 대상을 회상하는 것에서 장소와 사물의 신호 읽기로 바뀌는 과정을 섬세하게 포착한 대목이다. 처음의 반박조가 점차 수긍과 귀 기울임으로 변주되는 어조의 변화도 매끄럽다.

 마지막 행의 반복 "돌아보고 또 돌아다보는"은 언어의 미세한 비틀림을 통해 기억의 비문증을 형상화한다. '돌아보다'와 '돌아다니다'의 흔적이 겹쳐진 듯한 어눌한 중첩은, 상실 이후 시선이 한곳에 머물지 못하고 배회하는 상태를 정확히 재현한다. "겨울 저물녘"이라는 시간 선택도 애도의 의미에 가깝다. 빛이 스러지는 가장자리에 검은 열매가 남고, 그 검은 빛은 쥐똥의 이미지와 죽음의 색을 겹겹이 호출한다.

 「냉이」라는 시는 '매뉴얼'과 '배후' 같은 낯선 어휘를 끌어와 들판의 잡초를 생존의 장인으로 호명한다. 언 땅에 납작 엎드린 잎, 깊이 뻗는 뿌리, 벌나비조차 머물기 어려운 "남루한 꽃" 등의 일련의 어휘는 화려함 없이 버틴 존재의 윤리를 설파한다. 잡초를 뽑아보아야 알게 되는 "뿌리 깊은 눈물"의 냄새는, 곧 노동·빈곤·돌봄이 스며난 집안의 공기를 떠올리게 한다.

 「너도밤나무에게」는 명명의 폭력과 우정 사이를 재치 있게 구별해 보여준다. '너도/나도/개별꽃'의

말장난은 군더더기 수사를 넘어 호출권력의 정치학을 비판한다. 누가 이름을 붙이는가, 그 이름으로 무엇이 박제되는가를 시인은 묻고 있다. 봄의 들판은 사랑스러운 낱말들로 소란스럽지만, 시인은 그 속에 섞인 위계와 호명받는 존재의 억울함을 놓치지 않는다. 이렇게 식물학의 상식은 언어정치가 펼쳐지는 은유의 공터로 이동한다.

4. 여성적 디테일과 어법

박언숙의 시적 시선은 여성적 경험의 세목들을 날카롭게 포착한다. 여기서 여성성은 본질이 아니라 위치, 곧 돌봄·가사·관계 조율의 전선을 오래 건너온 몸의 기억이다.

먼저, 생활 도구·신체·화장품 같은 근접 사물의 감각적 디테일. 「불쑥, 능소화」의 앞치마·젖, 「립스틱의 변명」의 색조와 "주머니에서 나온 같은 색 립스틱 두 개"라는 정황, 「마침표 자리」의 산소통 호스, 「켈로이드 & 켈로이드」의 BCG 주사 자국-이 사소품들은 거대 서사를 대체하는 결정적 단서다. 시인은 격정 대신 사물의 구체성으로 도덕과 욕망의 지층을 드러낸다. 「립스틱의 변명」은 가벼운 농담과 노골적 직

설을 교차시키며, 가족 관계의 균열을 유머러스하게 펼치다가 "검은 립스틱"이라는 파국의 상상을 스치고 지나간다. 유머는 방어막이 아니라 폭로의 장치다. 이해를 위해 잠깐 인용해 보자.

> 립스틱을 싹 갖다 버리기로 했단다
>
> (중략)
>
> 립스틱 짙게 바르고
> 속내 감추고 숨기면서 잘도 살았는데
> 그 재미난 놀이에 사달이 나버린 것이다
>
> 실오라기 하나 안 걸친 빨주노초 같은 년
> 아무리 닦달해도 팬티 색인들 발설할 리 없는데
>
> 립스틱에 정 떨어진 그녀가 어느 날
> 검은색 립스틱을 바르고 찾아온다면 어쩌나
>
> 사흘 후 그녀가 빨간 립스틱을 바르고 나왔다
> 입에 침도 안 바른 남편의 변명이 잘 먹혔나 보다

검은색 립스틱보다 보기에는 훨씬 좋았다
―「립스틱의 변명」 부분

"사흘 후 그녀가 빨간 립스틱을 바르고 나왔다"는 희극적 봉합이면서 씁쓸한 현실 인식이다. "입에 침도 안 바른 남편의 변명"이 먹히든 자리에서 검정은 유예되고, '보기 좋은' 빨강이 복귀한다. "훨씬 좋았다"는 미감의 판단이 윤리의 판단을 대체하는 순간, 시는 우리 일상의 복원력, 즉 문제의 근원을 치유하기보다 표면을 정돈해 원상회복하는 힘을 드러낸다. 제목의 '변명'은 결국 립스틱이 아니라 남편의 변명, 더 넓게는 가부장적 일상의 자기 합리화를 가리킨다. 그럼에도 시는 도덕적 선악 판정을 앞세우지 않는다. 대신 사소한 사물의 이동과 색의 변주, 속어의 질감과 리듬을 통해, 불쑥 솟았다가 금세 눌러앉는 감정의 파문을 정밀하게 채집한다.

박언숙 시들에 나오는 또 다른 여성적 디테일과 어법은 경계의 구도에서 나온다. 예를 들어 「세컨드처럼」이라는 시에서 캠핑카/카라반/아래채/첩살이의 병치로 가족 관계에서의 '둘째'의 자리(세컨드)를 배치한다. 담장 안팎, 사랑채와 건넌방, 본채와 아래채라는 공간적 경계는 곧 관계의 줄타기이고, 다음 인용에서와 같이 "언제 오냐구요/왜 안 오냐구요" 같은 구어적 말끝은 그 긴장을 생활의 호흡으로 옮긴다. 박언숙 시인은 이렇게 '또렷해지는 경계선'의 폭력을 응시하면서도, 그 경계를 견디며 빗줄기를 맞고 서 있는 차량 같은 사물의 처연함으로 시선을 낮춘다.

> 언제 오냐고요, 왜 안 오냐고요
> 우두커니 비 맞는 저 캠핑카가
> 담장 밖에서 시뜻하게 칭얼대고 있다
> ―「세컨드처럼」 부분

 박언숙 시인의 또 다른 특별한 어법은 중층화라고 할 수 있다. 단정한 서술형과 구어체가 교차하고, 나열과 반복이 리듬을 만든다. "무더기, 무더기…", "봄, 여름, 가을, 겨울…" 같은 표현이 단적인 예이다. 또한, 비유나 수식이 과도하게 사용되지 않고 생활 질감에 접속되어 있다. '두레상' '형부 팔뚝' '거적' '홑이불' 같은 어휘들은 오랜 일상의 손때를 묻혀 시적 장면을 지면 위에 고정한다. 이는 여성적 시선만이 할 수 있는 섬세한 관찰에서부터 오는 것이기도 하다. 이런 시선이야말로 모든 현실 해석의 출발점이다. 이 관찰과 해석을 통해 상처는 상징으로 승화되기보다는 사물로 재현되고 냄새나 색채의 감각으로 환기된다. 그래서 읽는 이의 몸에 먼저 와닿는다. 그것이 이 시집에서 발견할 수 있는 여성적 언어의 묘미라 할 수 있다.

5. 맺음말

이 시집의 세계에서 꽃은 기념 리본이 아니라 흉터의 문양이다. 능소화의 떨어짐, 쥐똥나무의 흔들림, 냉이의 낮음, 민들레의 말림, 미나리아재비의 창백함, 이 모두가 생의 파문을 떠안고 있다. 시인은 그 파문을 과장하지 않는다. 대신 생활의 사소한 사물과 식물, 골목과 공터를 통해 가장 치명적인 말인 죽음·상실·배신·노쇠를 또박또박 말하게 한다.

또한, 공터는 버려짐의 장소가 아니라 기억과 사물의 '환승장'이다. 그곳에서 우리는 꽃의 언어로 상처를 다시 읽는다. 박언숙의 시는 통증을 미화하지도, 절망에 파묻히지도 않고, 아픔이 지나간 자리의 질감을 오래 만지작거린다. 그래서 시 읽기의 끝에서 남는 것은 숙연함만이 아니다. 상처를 견디는 사물의 버팀, 식물의 집요한 번식력, 낮음과 느림의 윤리 다시 말해

삶을 이어가게 하는 힘의 감각이다.

  박언숙 시인의 시집 『여기는 동지입니다』를 한마디로 요약하면 "꽃들에는 모두 아픔이 새겨져 있다"는 문장이다. 이 명제는 비관의 낙인이 아니라 사유의 출발선이다. 이 시집은 그 출발선에 작은 표지석을 세운다. 독자는 그 앞에서 잠시 멈추고, 자기 안의 공터를 더듬어보게 된다. 꽃의 상처를 더듬는 손끝으로, 자기 상처의 문양 또한 더듬게 된다. 그리고 우리 앞을 가로막은 생의 고통을 감내하게 된다.